BEI GRIN MACHT SICH IHR WISSEN BEZAHLT

- Wir veröffentlichen Ihre Hausarbeit, Bachelor- und Masterarbeit

- Ihr eigenes eBook und Buch - weltweit in allen wichtigen Shops

- Verdienen Sie an jedem Verkauf

Jetzt bei www.GRIN.com hochladen und kostenlos publizieren

Bibliografische Information der Deutschen Nationalbibliothek:

Die Deutsche Bibliothek verzeichnet diese Publikation in der Deutschen Nationalbibliografie; detaillierte bibliografische Daten sind im Internet über http://dnb.d-nb.de/ abrufbar.

Dieses Werk sowie alle darin enthaltenen einzelnen Beiträge und Abbildungen sind urheberrechtlich geschützt. Jede Verwertung, die nicht ausdrücklich vom Urheberrechtsschutz zugelassen ist, bedarf der vorherigen Zustimmung des Verlages. Das gilt insbesondere für Vervielfältigungen, Bearbeitungen, Übersetzungen, Mikroverfilmungen, Auswertungen durch Datenbanken und für die Einspeicherung und Verarbeitung in elektronische Systeme. Alle Rechte, auch die des auszugsweisen Nachdrucks, der fotomechanischen Wiedergabe (einschließlich Mikrokopie) sowie der Auswertung durch Datenbanken oder ähnliche Einrichtungen, vorbehalten.

Impressum:

Copyright © 2014 GRIN Verlag
Druck und Bindung: Books on Demand GmbH, Norderstedt Germany
ISBN: 9783668706644

Dieses Buch bei GRIN:

https://www.grin.com/document/270344

Janina Gerth

Postmoderne. Ein Paradigmenwechsel der Literatur?

GRIN Verlag

GRIN - Your knowledge has value

Der GRIN Verlag publiziert seit 1998 wissenschaftliche Arbeiten von Studenten, Hochschullehrern und anderen Akademikern als eBook und gedrucktes Buch. Die Verlagswebsite www.grin.com ist die ideale Plattform zur Veröffentlichung von Hausarbeiten, Abschlussarbeiten, wissenschaftlichen Aufsätzen, Dissertationen und Fachbüchern.

Besuchen Sie uns im Internet:

http://www.grin.com/

http://www.facebook.com/grincom

http://www.twitter.com/grin_com

Postmoderne - ein Paradigmenwechsel der Literatur!?

Ein Versuch der Definition der Postmoderne im Vergleich zur Moderne

Janina Marie Gerth
18.1.2014

Inhaltsverzeichnis

Einleitung 2

1. Einführung in die Postmoderne 3

   1.1. Ausgangspunkt für einen Paradigmenwechsel - Die Moderne 3

   1.2. Die Postmoderne als Antwort auf die Moderne – Der Begriff, dessen Charakteristik und Einordnung 4

   1.3. Die Postmoderne als Zustand der abendländisch Gesellschaft, Kultur und Kunst- Musik, Kunst, Architektur und Politik in der Postmoderne 7

2. Postmoderne Literatur 8

   2.1. Charakteristische Tendenzen der postmodernen Literatur 8

   2.2. Postmoderne Einflüsse am Beispiel Peter Stamm, Agnes 10

3. Nachwort 12

Literaturverzeichnis 12

4. Anhang 13

Einleitung

Betrachtet man Musik, Kunst, Literatur, Politik, etc. Ende des 20. und Anfang des 21. Jahrhundert, also der relativen Gegenwart, ist die eindeutige Zuordnung einer Epoche fast unmöglich. Ein Ansatz der Einordnung entsteht, mit dem Begriff der Postmoderne. Doch was beinhaltet die Postmoderne? Den Zustand nach der Moderne. Eine revolutionäre Gegenbewegung zur Moderne, die zur Gründung einer neuen Epoche führt? Einfacher Weise nur eine neue Lebenseinstellung? Oder eine durchdachte Theorie, die sich durch Sprachspiele und Laxheit einer wirklichen Differenzierung entzieht?

In der folgenden Ausarbeitung ist es mein Ziel die Postmoderne mit Hilfe verfügbarer Quellen zu definieren, wobei ich eine Vollständigkeit der Ergebnisse nicht anstreben kann, da keine objektiv, allgemein anerkannten Definitionen bisher veröffentlicht werden konnten.

Mit diesem Wissen werde ich kurz die Einflüsse auf jegliche Lebensbereiche wie Kunst, Musik, Kultur, Politik etc. versuchen anzureißen, um folgend den Schwerpunkt meiner Facharbeit untermauert aufbauen zu können. Dabei wird es um die Entstehung einer postmodernen Literatur gehen, die sehr umstritten in unserem Lebensalltag steht. Am Beispiel von Peter Stamm – Agnes werde ich dann die grobe Charakteristik postmoderner Literatur anhand von Betrachtungen ausgewählter Textstellen versuchen zu belegen.

1. Einführung in die Postmoderne

1.1. Ausgangspunkt für einen Paradigmenwechsel - Die Moderne

Ebenso wie die Postmoderne ist auch die Moderne in der bisherigen Definition noch relativ ungenau und umstritten. Der Begriff Moderne, geht weit über einen Epochenbegriff – wie etwa den des Mittelalters – hinaus. Er bezeichnet einen Umbruch in allen Lebensbereichen gegenüber der Tradition. In der *„Querelle des Anciens et des Modernes"* wird der Begriff Moderne noch als Abgrenzung zur Antike verwendet. Erst im 19. Jahrhundert wird die Moderne als neuer epochaler Begriff geprägt, der von da an allgemein die Gegenwart von der Vergangenheit abgrenzt. Jedoch ist ein Beginn der Moderne nicht eindeutig festzulegen. Je nach Blickwinkel sind Daten aus dem 15. Jahrhundert bis in das 19. Jahrhundert zu finden. Geistesgeschichtlich geht es dabei bis ins 15. Jahrhundert, mit der Epoche der Renaissance, zurück, ökonomisch zieht die Moderne mit der beginnenden Industrialisierung im 18. Jahrhundert ein, die politische und philosophische Moderne wird ab 1789 mit der Französischen Revolution und mit dem Nationalismus des frühen 19. Jahrhunderts datiert. Die Literatur- und Kunstgeschichte weist erst Ende des 19. Jahrhunderts moderne Tendenzen mit der Ablösung des Naturalismus auf, die er in zahlreichen gegen- bzw. nachnaturalistischen Strömungen bzw. Ismen wie dem Ästhetizismus, Impressionismus, Jugendstil, Symbolismus und Neuromantik fand.[1]

Die große Wende im Denken vollzog sich erst mit der beginnenden Industrialisierung, dem Ende der Aufklärung und damit mit der Französischen Revolution. Spürbar in der Umsetzung wurde sie erst im Laufe des 19. Jahrhunderts. So entstand zum Beispiel die Säkularisierung in Folge der Aufklärung mit der Hoffnung, an eine Entwicklung von der institutionell etablierten Religion hin zu einer Art Menschheitsreligion. Die Grundlagen dafür waren die Forderungen nach einer allgemein gültigen Autonomie aller Gesellschaftsbereiche wie Ethik, Politik, Religion, Recht und Wirtschaft. Auch das Individuum in einem gesellschaftlichen System sollte von diesem Zeitpunkt an frei und rational handeln können. Die Industrialisierung weckte neue Ideale einer bis dato unfreien und ungebildeten Gesellschaft innerhalb des vorherrschenden feudalen Systems. Dies sollte durch den Kapitalismus und schließlich durch die Demokratie abgelöst werden. Ausschlaggebend für einen derartigen Umsturz waren vor allem der aufkeimende Fortschrittsglaube und letztendlich der Übergang der manuellen handwerklichen Fertigung hin zur maschinellen Massenproduktion.

Schon Goethe bemerkte Ende des 18. Jahrhunderts eine revolutionäre Änderung in Politik und Kriegsführung als er nach der Kanonade von Valmy der antirevolutionären Kampagne in Frankreich sagte:

„Von hier und heute geht eine neue Epoche der Weltgeschichte aus, und ihr könnt sagen, ihr seid dabei gewesen."[2]

Die Literatur der Moderne entstand, als das traditionelle Weltbild durch wissenschaftliche Erkenntnisse erschüttert wurde: Albert Einstein veröffentlichte seine Relativitätstheorie, Max Planck die Quantentheorie und Sigmund Freud schrieb über das Unbewusste

---

[1] Vgl. www.literaturwelt.com/epochen/moderne.html#dichtung
[2] Johann Wolfgang von Goethe: Poetische Werke. Band 10. Phaidon, Essen 1999, S. 135-275

(Traumdeutung). Diese neuen Perspektiven auf die Wirklichkeit, die das Zufällige, Heterogene und Disparate allen Geschehens betonte, brachten die Schriftsteller dazu, eine neue ästhetische Konzeption zu entwickeln. Der Begriff der Literatur der Moderne ist ebenso ein ungenauer. Vermutlich wurde er von Eugen Wolff in Kiel geprägt, und umfasst alle entstandene Literatur von 1870- 1920, die in Abgrenzung zu den traditionellen Gattungen und Schriften der vorangegangenen Zeit steht. Die genannten bahnbrechenden wissenschaftlichen Entdeckungen erschütterten das traditionelle Weltbild der Menschen jener Zeit, und forderten eine neue Auseinandersetzung mit der Wirklichkeit. Das Experimentieren mit neuen literarischen Techniken stand deshalb während der Moderne im Vordergrund. Wichtige Stilmittel moderner Romane sind die freie indirekte Rede, eine fragmentierte Weltsicht, die Relativierung von Ansichten und der Perspektivenwechsel. Ebenso stilistisch durchschlagend wurde die Verflechtung von vielfältigen Bezügen mit dem Ziel bzw. dem Ergebnis der Möglichkeit eines polyperspektivischen Interpretationszuganges. Freuds Psychoanalyse beeinflusste zu dem die neu aufkommende Entwicklung des literarischen Verfahrens des stream of consciousness zur direkt-assoziativen Darstellung psychischer Empfindlichkeiten.

Ein weiterer wichtiger Punkt in der Entwicklung der Moderne war die Sprachkrise der Jahrhundertwende, in welcher die Möglichkeiten und Grenzen von Sprache diskutiert wurden (z.B. in Ein Brief von Hugo von Hofmannsthal). Dadurch gewann die Sprachlichkeit im Vergleich zum Inhalt immens an Bedeutung und rückte sogar in das Zentrum der Aufmerksamkeit Moderner Literatur. Wichtige Autoren waren unter anderem Thomas Mann, Christian Morgenstern, Hermann Hesse, Stefan Zweig und Rainer Maria Rilke.[3]

1.2. Die Postmoderne als Antwort auf die Moderne – Der Begriff, dessen Charakteristik und Einordnung[4]

Die Postmoderne ist ebenso ein Zustand der Gesellschaft, insbesondere der abendländischen Gesellschaft, Kultur und Kunst, abgrenzend zur Moderne. Die Abgrenzung, die mit der Vorsilbe „Post-" (lat. hinter, nach) in der Bezeichnung manifestiert wird, ist zum einen eine zeitliche Abgrenzung, die jedoch nur sehr vage zu ziehen ist, und zum anderen eine Inhaltliche Abgrenzung, die als vordergründig zu betrachten ist. Diese politisch-wissenschaftlich- künstlerische Bewegung wendet sich vor allem gegen Institutionen, Methoden, Begriffe und Grundannahmen der Moderne, die sie versucht aufzulösen und zu überwinden.

Mit dem Begriff Postmoderne versuchten Autoren eine sehr heterogene gesellschaftliche und kulturelle Entwicklung zu fassen und zu beschreiben. Erstmals wurde der Begriff 1870 verwendet, als der englische Salonmaler John Watkins Chapman vorschlug einen postmodernen Malstil zu entwickeln, der moderner sein sollte als der französische

---

[3] http://blog.zeit.de/schueler/2012/02/20/thema-literatur-der-moderne-1890-1920/ ;
http://www.kettererkunst.de/lexikon/moderne-literatur.shtml ;
http://www.schreiben10.com/referate/Epochen/4/Moderne-Literatur-reon.php
[4] http://www.marxists.org/reference/subject/philosophy/works/fr/lyotard.htm ;
Philipp Sonntag , Postmoderne- Geschichte, Theorien, Positionen ;
Hermann Kopp und Werner Seppmann, Gescheiterte Moderne? Zur Ideologiekritik des Postmodernismus ;
http://www.grin.com/de/e-book/34959/die-postmoderne-versuchte-abstraktion-eines-paradigmenwechsels

Impressionismus. Im Jahre 1917 gebraucht Rudolf Pannwitz den Begriff bereits als philosophisch geprägten „Kulturbegriff". Pannwitz lehnt sich mit seinen Gedanken zur Postmoderne an Nietzsches Analyse der Moderne mit den prognostizierten Endpunkten der Dekadenz und des Nihilismus an. Die Überwindung der Moderne bringt demnach den neuen „postmodernen Menschen" hervor, eine Wiederaufnahme des Nietzscheschen „Übermenschen". Wenige Jahre später, im Jahre 1926, beschreibt der amerikanische Theologe Bernard Iddings Bell eine neue religiöse Spiritualität, die sich im Rahmen des christlichen Bekenntnisses neuen Forschungserkenntnissen öffnen sollte, als „Postmodernismus". Ausschließlich literarisch nutzt der Literaturwissenschaftler Federico de Onís den Begriff im Jahre 1934. Er bezeichnet als „Postmodernismo" eine Zwischenperiode der hispanisch-amerikanischen Dichtung in den Jahren zwischen 1905 bis 1914, die geprägt sei von einer kurzzeitigen, rückwärtsgewandten Abwendung von der Moderne als Zwischenphase vor einer erneuten, gesteigerten Hinwendung zur Moderne. 1947 beschreibt Arnold J. Toynbee eine Phase der Kultur als „post-modern", deren Beginn er 1875 ansetzt: die Postmoderne in diesem Sinne ist durch eine frühe Politik des Denkens in globalen Zusammenhängen gekennzeichnet und unterscheidet sich von dem vorherigen Politikverständnis in der Überwindung der nur nationalen Perspektive. Nach Toynbee wird mit der Postmoderne die Spätphase der abendländischen Kultur eingeleitet. Im nordamerikanischen Literaturdiskurs des Jahres 1959 bezeichnet Irving Howe die Gegenwartsliteratur der Postmoderne als Verfallsphänomen einer Moderne, die durch mangelnden Neuerungswillen geprägt sei. Howe verwendet den Begriff „Postmoderne" hier erstmals im heutigen Sinne. Die Umwertung erfolgte besonders in den 1960er Jahren durch Irving Howe selbst sowie durch Harry Levin, vor allem aber auch durch Susan Sontag und Leslie Fiedler.

Allen diesen Ansätzen in Kunst, Kulturgeschichte, Philosophie, Theologie und Literatur war gemeinsam, dass sie ein jeweils spezifisches Unbehagen an der Moderne und ihren Entwicklungen formulierten und daraus Konsequenzen entwickelten. Ihren Abschluss fand diese erste Formationsphase mit Howe, dessen Konzeption als grundlegend für die weiteren Entwicklungen gesehen werden kann.

Für die Theoriebildung und Methodenfindung späterer Vertreter der Postmoderne sind Autoren wichtig wie Michel Foucault, Jacques Derrida und Roland Barthes, die mit Dekonstruktivismus, Poststrukturalismus und Diskursanalyse neue analytische Methoden entwickelten, aber auch Luce Irigaray, die auf Basis der Arbeiten des Psychoanalytikers Jacques Lacan die feministische Theoriebildung vorantrieb. Viele dieser Theoretiker stehen jedoch dem Begriff Postmoderne kritisch gegenüber.

Von einer populären und teilweise anerkannten geistig- kulturellen Bewegung ist jedoch nach allen genannten Vorläufern erst nach 1979 zu sprechen, die mit der Veröffentlichung der Schrift *Das postmoderne Wissen* von Francois Lyotard eingeleitet wurde. In dieser Ausarbeitung legt er die Basis für viele Entwicklungen in Philosophie, Kunst, Kultur, sowie den Gesellschaftswissenschaften mit deiner These über das *Ende der großen Erzählungen*. Mit dieser These diskreditiert er die Entwicklungen der Moderne, in dem er den großen Meta- Erzählungen der Moderne die Legitimation und die Glaubwürdigkeit aberkennt. Für ihn gibt es davon drei: Die Aufklärung, der Idealismus und der Historismus – also die

Emanzipation des Individuums, das Selbstbewusstsein des Geistes und die Idee eines sinnhaften Fortschritts der Geschichte mit dem Ziel einer Utopie. Folglich kann es auch kein Projekt der Moderne mehr geben, keine große Idee von Freiheit und Sozialismus, der allgemeine Geltung zu verschaffen ist und der sich alles gesellschaftliche Handeln unterzuordnen hat. Für Lyotard gibt es in diesem Zustand der Postmoderne keine übergeordnete Sprache mehr, keine allgemein verbindliche Wahrheit, die sich als Dogma einer gesamten Gesellschaft selbst legitimiert. Außerdem gibt es keine Kausalität und keine zwingende Vereinbarkeit mehr zwischen wissenschaftlicher Rationalität, sittlichem Handeln und politischer Gerechtigkeitsvorstellung. Mit Einzug dieser Tatsachen kann sich für Lyotard auch kein Projekt der Moderne verwirklichen - keine große Idee von Freiheit und Sozialismus- der allgemeine Geltung zu verschaffen wäre und der sich alles gesellschaftliche Handeln unterzuordnen hätte.

In der Postmoderne steht nun nicht mehr die Innovation, der Fortschritt und die Neuerung im Vordergrund jeglichen Interesses (kulturell, künstlerisch, gesellschaftlich, politisch) sondern eher die Rekombination oder die neue Anwendung schon vorhandener Ideen. Die Welt wird somit nun als pluralistisch, zufällig und chaotisch betrachtet und in ihren hinfälligen Momenten angesehen. Ebenso wird die menschliche Identität als labil und bereits durch diverse disparate, kulturelle Faktoren und Einflüsse geprägt.

Kurz zusammengefasst sind die Elemente postmodernen Denkens und Urteilens folgende:

- Absage an das seit der Aufklärung betonte Primat der Vernunft (ratio) und an die Zweckrationalität (die bereits in der Moderne erschüttert wurden)
- Verlust des autonomen Subjekts als rational agierende Einheit
- Neue Hinwendung zu Aspekten der menschlichen Affektivität und Emotionalität
- Ablehnung oder kritische Betrachtung eines universalen Wahrheitsanspruchs im Bereich philosophischer und religiöser Auffassungen und Systeme (sog. Metaerzählungen oder Mythen wie Moral – wodurch Postmoderne zum Amoralismus wird – , Geschichte, Gott, Ideologie, Utopie oder Religion, aber auch, insofern sie einen Wahrheits- oder Universalitätsanspruch trägt, Wissenschaft)
- Verlust traditioneller Bindungen, von Solidarität und eines allgemeinen Gemeinschaftsgefühls
- Sektoralisierung des gesellschaftlichen Lebens in eine Vielzahl von Gruppen und Individuen mit einander widersprechenden Denk- und Verhaltensweisen
- Toleranz, Freiheit und radikale Pluralität in Gesellschaft, Kunst und Kultur
- Dekonstruktion, Sampling, Mixing von Codes als (neue) Kulturtechniken
- Zunehmende Zeichenhaftigkeit der Welt (siehe auch Semiotisches Dreieck und Baudrillard)
- Versuche der Abkehr von ethno- und androzentrischen Konzepten

1.3. Die Postmoderne als Zustand der abendländisch Gesellschaft, Kultur und Kunst- Musik, Kunst, Architektur und Politik in der Postmoderne[5]

Der Musikwissenschaftler Jörg Mischke versteht unter Postmoderne eine deutlich gewachsene Pluralität gewachsener Denk- und Handlungsmöglichkeiten in der Musik, die mit der Pluralisierung von Lebensstilen einhergeht Techniken wie Collage, Crossover, Montage und Pastiche können zur musikalischen Postmoderne gerechnet werden. Zur musikalischen Postmoderne zählt auch der Bruch mit kompositorischen Traditionen wie Atonalität, Serialismus, Zwölftontechnik oder auch die Übernahme postmoderner Diskurse in die Musik, z. B. bei postfeministischen Riot Grrrl-Bands.

Nach Jonathan Kramer gibt es 16 verschiedene Charakteristiken postmoderner Musik, beispielsweise: Traditionsbruch, Ironisierung, Grenzüberschreitung, Verachtung für musikalische Dogmen, Fragmentarisierung, Musikzitate, Eklektizismus, Diskontinuität, spielerischer Umgang mit Traditionen, Vieldeutigkeit. Die Verwendung des Begriffes Postmoderne zur Beschreibung musikalischer Stilistiken und Erscheinungsformen ist allerdings umstritten.

Als typische Vertreter einer musikalischen Postmoderne werden mit sehr unterschiedlichen Stilen unter anderen Laurie Anderson, Luciano Berio, John Cage u.v.m. genannt.

Zunächst wurde von "Postmoderne" nur im Kontext von Literatur, Musik und Philosophie gesprochen, dann folgte die Übertragung auf die Architektur - ein Verdienst, das Charles Jencks u.a. seit der Mitte der 1970er Jahre für sich verbuchen können. Die "postmoderne" Baukunst ist von einem stilistischen Eklektizismus gekennzeichnet, der zitathaft auf die (oft klassischen oder klassizistischen) Stilperioden der Vergangenheit zurückgreift und sich zugleich mit aktuellen Tendenzen vermengt.

Die Postmoderne der Kunst kann mit einigen Ungenauigkeiten auf die 1980er Jahre datiert werden. Das Einsetzen ist dabei nach der Überwindung des abstrakten Expressionismus eingeordnet, der als letzte Strömung noch der Moderne zugeordnet ist. Die postmoderne Kunst sieht sich aus der stilistischen Kontinuität herausgelöst und sieht sich ebenso nicht mehr getragen von Zukunftsutopien. Ein gewisser Kulturpessimismus mit ironischen bis sarkastischen Zügen scheint dementsprechend kennzeichnend für eine "postmoderne Geisteshaltung" und deren Kunstäußerungen. Stilistisch findet die postmoderne Kunst ihren Ausdruck in eklektisch, zitathaftem Aufgreifen von moderner wie prämoderner Stile, die oft in Form von Collagen oder Kombinationen miteinander verbunden werden. Ebenso als prägend gilt das reprojizieren kulturgeschichtlicher und mythischer Themen, sowie ein sinnlich emotionaler Subjektivismus, der einen herkömmlichen Auftrag von Kunst gesellschaftspolitisch und sozial Aussagen zu portieren, negiert. Grenzüberschreitungen zwischen Gattungen und Genres werden ebenfalls als Kennzeichen einer "postmodernen Kunst" angeführt. Als Krönung einer "postmodernen Malerei" gilt der sensualistische Neoexpressionismus, der sich zuerst in Deutschland, aber auch in den USA, Frankreich, Italien und anderen Ländern ausprägte.

---

[5] http://www.kettererkunst.de/lexikon/kunst-der-postmoderne.shtml ;

In der Politikwissenschaft und hier vor allem in den internationalen Beziehungen sind postmoderne Ansätze, etwa im Vergleich mit realistischen oder liberalen, eine sehr junge Form der Theoriebildung. Postmoderne Ansätze haben zwei zentrale Charakteristika:
1. den Fokus auf die Analyse von Texten und anderen Veröffentlichungen, wie Bildern und Symbolen, anstatt auf die Geschehnisse selbst.
2. die Skepsis gegenüber „objektiven" Wahrheiten oder Kategorisierungen.

„Denn wenn das, was wir von Ereignissen wissen, diskursiv vermittelt ist, dann gibt es immer mehr als eine Version dieser Ereignisse."

Welche Form des Diskurses die Überlegene ist, ist auf der einen Seite eine Frage von Macht. In anderen theoretischen Ansätzen, etwa beim Realismus, ist diese Macht den Staaten vorbehalten. Wer auf dem internationalen Parkett besser positioniert ist (etwa durch Ressourcen), dominiert. Postmoderne Ansätze gehen dagegen nicht nur davon aus, dass diskursive Repräsentationen Ausdruck von Macht sind, sondern selbst der Diskurs an sich. Macht ist also nicht allein an einen Teilnehmer des Diskurses gebunden, sondern erstreckt sich über den gesamten Kontext der Handlung.

2. Postmoderne Literatur

2.1. Charakteristische Tendenzen der postmodernen Literatur

Wenn wir von der künstlerischen, literarischen Sicht aus auf die Delegitimierung aller Erzählungen seitens der Postmoderne schauen, können wir feststellen, dass es keine Erzählgattungen mehr gibt. Das Ritterliche, das Epische, das Tragische, das Komische, das Mystische und das Elegische ... werden faktisch als veraltet betrachtet und für nichtig erklärt, gerade weil sie durch ein als illegitim angesehenes System begründet wurden; dies kann das philosophische Wissen oder der Glaube sein, die mit der Erzählung eng verbunden sind. Der ganze weite Bereich der expressiven Darstellung wurde auf ganz wenige Gattungen und Formen reduziert, die noch als legitim und somit nicht als delegitimiert angesehen werden. Deshalb werde ich, auch in Anlehnung an Peter Stamm- Agnes, den postmodernen Roman als primäre literarische Form analysieren und charakterisieren.

Als vorläufige Definition mag gelten, dass der postmoderne Roman zeitgenössisch ist und sich inhaltlich oder formal bewusst vom modernen Roman absetzt. Der postmoderne Roman ist Ausdruck einer als inkonsistent empfundenen Welt, in der es nicht mehr gelingt, objektive Wahrheiten darzustellen, die sich in einer autonomen literarischen Wirklichkeit spiegeln. Dieser wird von dem deutschen Literaturwissenschaftler Gero von Wilpert im „Sachwörterbuch der Literatur" folgendermaßen definiert:

Er sei eine „dichterische Erzählung", die den Blick richte

„auf die einmalig geprägte Einzelpersönlichkeit oder eine Gruppe von Individuen mit ihren Sonderschicksalen in einer [...]Welt, in der nach Verlust der alten Ordnungen und Geborgenheit die Problematik, Zwiespältigkeit, Gefahr und die ständigen Entscheidungsfragen des Daseins an sie herantreten und die ewige Diskrepanz von Ideal und Wirklichkeit.[...] Das in das Weltgeschehen eingebettete Schicksal spielt sich in ständig

erneuter Auseinandersetzung mit den äußeren Formen und Mächten ab, ist ständige individuelle Reaktion auf die Welteindrücke und –Einflüsse und damit ständige eigene Schicksalsgestaltung"

Dem modernen Roman, der durch Subjektivität, Narrativität und der als verbindlich angesehenen Vorstellung, dass es eine Wirklichkeit gibt, mit der sich das individuelle Subjekt auseinandersetzen muss, um daraus die Quintessenz über das eigene Schicksal zu erkennen oder ihm sie abzugewinnen, setzt der postmoderne Roman die Diskreditierung dieser 3 genannten Bestimmungen entgegen .

- Der postmoderne Roman lehnt sich gegen eine lineare Erzählweise auf, in dem er eine fragmentierende und unchronologische Methode des Erzählens in den Vordergrund stellt. Dadurch muss der Leser sich das Geschehen selbst konstruieren.
- Der postmoderne Roman dekonstruiert die Möglichkeit des individuellen Subjekts, sich zu einem selbstbestimmten Wesen zu entwickeln, wobei eine jegliche Entwicklung der Protagonisten ausgeschlossen und verleugnet wird. Sie bleiben also gleich und erfahren ihr Leben nicht als Resultat eigener, frei begangener Entscheidungsprozesse, sondern werden als fremdgesteuert und konditioniert gezeichnet.
- Die *Postmodernen Beliebigkeit* ist nun der neue Ausgangspunkt jeglicher Handlungen, der jegliches Festhalten an eine allgemein verbindliche Weltansicht und einen erkennbaren Sinn des Lebens negiert. Konkreter gefasst verlieren in diesem Sinne nach Jean-François Lyotard die sogenannten „Großen Erzählungen" - wie etwa 'Fortschritt', 'Mehrung des Wohlstands', 'Konsensus durch anhaltende Diskussion' - ihre Gültigkeit und werden zunehmend durch „Kleine Erzählung", die nur lokale oder provisorische Gültigkeit besitzen oder im Sinne eines radikalen Konstruktivismus spontan und situationsgebunden zu erschaffen sind, ersetzt. Auch der Sinn des geschriebenen Wortes wird, wenn nicht überhaupt geleugnet, als etwas betrachtet, das nicht einfach vorhanden ist.

Ein durchschlagendes wiederauftretendes Phänomen der Literatur in der Postmoderne ist die Intertextualität. Die dem Phänomen zu Grunde liegende Annahme ist, dass kein Text innerhalb einer kulturellen Struktur ohne Bezug zur Gesamtheit anderer Texte denkbar ist. Die bulgarisch- französische Psychoanalytikerin schreibt in ihrem Aufsatz *Bakhtine, le mot, le dialogue et le roman (1967):*

„Jeder Text baut sich als Mosaik von Zitaten auf, jeder Text ist Absorption und Transformation eines anderen Textes. An die Stelle des Begriffs der Intersubjektivität tritt der Begriff der Intertextualität, und die poetische Sprache lässt sich zumindest als eine doppelte lesen."

Dabei werden also andere Werke aller gesellschaftlichen Bereiche collagierend, zitierend oder persiflierend in die Handlung integriert. Ebenso spielt die Metafiktionalität eine große Rolle. Das heißt, der Schreibprozess wird innerhalb der Handlung thematisiert, wobei der Ich- Erzähler oft sowohl Autor als auch erlebendes Ich in der geschriebenen Erzählung ist, was zur Folge hat, dass eine objektive Wahrheit überflüssig wird und der Ich- Erzähler auf eine autonome literarische Perspektive verzichten kann. Die Grenzen der Wirklichkeit und der Fiktion werden dabei verwischt, in dem die Fiktion mit der Romanwirklichkeit verknüpft wird. Das Aufkommen dieses Prinzips gründet auf dem Zweifel einer univokalen durch Autoritäten bestimmten Weltansicht, die die herkömmliche Stellung des Autors, der das Romangefüge leitet und beliebig beeinflussen kann, ablehnt.

2.2. Postmoderne Einflüsse am Beispiel Peter Stamm, Agnes

Diese Annahmen und theoretischen Definitionen sind nun das eine. Wie sieht jedoch die literarische Verarbeitung solcher Empfindungen einer Welt aus? Das Beispiel Peter Stamm, Agnes bietet eine gute Grundlage um die definierten Merkmale der Postmoderne praktisch nachzuweisen. Peter Stamm steht mit seiner Art des Erzählens in Agnes in der Tradition, was seit Beginn der 80er Jahre mit dem Etikett der Postmoderne versehen wurde. Mit seiner Vervielfachung der Erzählebenen, mit seinen Verweisen auf andere Künstler und deren Werke, mit dem Zitieren von Texten oder mit seiner Einbeziehung anderer Medien lassen sich in Peter Stamms Roman jene narrative Verfahrensweisen erkennen, die in Verbindung mit dem postmodernen Erzählen allgemein assoziiert werden: Intertextualität, Metafiktion, Medialität, Dekonstruktion. Die Intertextualität kann in verschiedenen Ausführungen stattfinden. Zum einen gibt es die textimmanenten Bezüge. Das heißt innerhalb einer Erzählebene wird auf ein Geschehnis in derselben Ebene zurückgegriffen. Dies passiert zum Beispiel während der Erinnerungen des Autors an den ersten Abend, als sie miteinander ausgegangen sind, und vor dem Restaurant eine Frau Tod auf der Straße liegt und sie kurz darauf über diesen Vorfall sprechen. (vgl. S. 24). Dann gibt es die transzendentale aber werkimmanente Form der Intertextualität, in der auf eine andere Ebene bzw. eine andere Geschichte innerhalb des Werkes Bezug genommen wird, welches im Roman Agnes häufig zum Tragen kommt. So zum Beispiel die Bezüge, auf die vom Ich-Erzähler verfasste Geschichte über Agnes und ihr Beziehung oder die reale Geschichte von Agnes und ihre Erzählung über die gescheiterte Vater-Tochter Beziehung anhand der Erzählung über den Tod des Mädchens im Pfadfinder-Camp (vgl. S. 18-19, 32, 54), auch die Episoden von Herbert können unter diesem Gesichtspunkt betrachtet werden. Dagegen beziehen die Text- und Werktranszendentalen Referenzen fremde literarische und nicht-literarische Texte in den Romankontext ein:

Literarische Texte:

    Robert Frost, „Stopping in the Woods on a Snowy Evening" (vgl. S. 24 ; Siehe Anhang)

    William Shakespeare: "Sonnett XVIII" (S.48)

    Dylan Thomas, "A Refusal to Mourn the Death of a Child, by Fire, in London" (vgl. S. 130)

    Hermann Hesse, Siddharta (S.119)

Nicht- Literarische Texte: (siehe Anhang)

    Georges Seurat: Un Dimanche d'été à l'ile de la Grande Jatte (Bild) (S.68-69)

    Ernst Ludwig Kirchner: Gebirgslandschaft (S.39)

    Oskar Kokoschka: Mörder, Hoffnung der Frauen (Plakat für ein Theaterstück) (S.39)

Prospekt: How to survive Hoosier National Forest (S.10)

Auch alle weiter angebrachten Merkmale unter 2.1 sind im Roman Agnes nachweisbar. So ist zum Beispiel bei Agnes zwar eine chronologisch lineare Erzählweise zu erkennen, diese wird jedoch durch die Geschichte, die der Ich-Erzähler für Agnes schriebt unterbrochen, in dem er zuerst aus der vergangenen Geschichte mit Agnes berichtet und nach kurzer Zeit die vergangene Gegenwart überholt und die Zukunft beschreibt, nach der sich dann in Teilen auch die Realität, die eigentliche Vergangenheit richtet. Der Ich-Erzähler erzählt die Geschichte teilweise in zeitraffender Form, was durch seinen zeitlichen Standpunkt verursacht wird, durch den er auf die Geschichte mit Agnes nur zurückblickend erzählt. Der Leser wird gleich zu Anfang vor eine für ihn noch unergründete Tatsache (*„Agnes ist Tod. Eine Geschichte hat sie getötet "[6])* gestellt, wodurch er aufgefordert wird, sich die für ihn „reale" Geschichte zu rekonstruieren mit den vorhandenen Vorgaben durch den Ich-Erzähler.

Auch der zweite Punkt, mit dem sich der postmoderne Roman von der Moderne zu emanzipieren versucht, ist ein sehr auffälliger bei Stamm. Die Protagonisten (Ich-Erzähler und Agnes) sind beide Persönlichkeiten, die nicht als selbstbestimmte und selbstbewusste Charaktere auftreten. So verlangt Agnes zum Beispiel bis kurz vor Schluss, dass der Erzähler ihnen eine Geschichte schreibt, die im Stande ist ihr ganzes Leben zu verändern, was nicht nur Fiktion bleibt.[7] Der Ich-Erzähler ist insofern fremdgesteuert und nicht selbst entscheidungsfähig, in dem er z.B. einige Male in Träume verfällt, die ihn und im Endeffekt seinen Schreibprozess beeinflussen und er es nicht schafft sich von der Meinung von Luise zu emanzipieren und zu Agnes, seiner Geliebten, zu stehen. [8]

Als letzten Punkt möchte ich das Zitat aus dem vorherigen Kapitel anführen. Er definiert dabei die Intention des postmodernen Romans, der den Blick

„auf die einmalig geprägte Einzelpersönlichkeit oder eine Gruppe von Individuen mit ihren Sonderschicksalen in einer [...]Welt[richtet], in der nach Verlust der alten Ordnungen und Geborgenheit die Problematik, Zwiespältigkeit, Gefahr und die ständigen Entscheidungsfragen des Daseins an sie herantreten und die ewige Diskrepanz von Ideal und Wirklichkeit.[...] Das in das Weltgeschehen eingebettete Schicksal spielt sich in ständig erneuter Auseinandersetzung mit den äußeren Formen und Mächten ab, ist ständige individuelle Reaktion auf die Welteindrücke und – Einflüsse und damit ständige eigene Schicksalsgestaltung"

Dieses ist deckungsgleich mit der Situation von Agnes und dem Ich-Erzähler. Sie treffen in dem Roman mit jeweils ihrer Vorgeschichte, die von beiden nie richtig ans Licht kommt, einander und versuchen ihre beiden Welten miteinander zu vereinbaren. Dies stellt sie im Verlauf des Romans immer wieder vor lebenswichtige Entscheidungen, die zum Schluss auch existenziellen Charakter annehmen. Die Welt um sie herum ist eben das Abbild, wie es Wilpert beschreibt. (*„Welt, in der nach Verlust der alten Ordnungen und Geborgenheit die Problematik, Zwiespältigkeit, Gefahr[auftreten]"*)

Diese und noch zahlreiche andere Merkmale postmodernen Denkens sind bei Peter Stamms Roman Agnes nachzuweisen.

---

[6] Seite 9
[7] Seite 51 u.a.
[8] Seite 132; 84-85

3. Nachwort

Eine weite Reise in ziemlich kurzer Zeit...

In meiner Arbeit über die Postmoderne versuchte ich also mit Hilfe einer Definition der Moderne zum Begriff und letztendlich zur Definition des Inhaltes der Postmoderne zu gelangen, um folgend eine postmoderne Tendenz der Literatur zu schematisieren und zu ergründen.

Zusammenfassend kann ich sagen, dass von einer unveränderten Moderne im 20. Jahrhundert nicht auszugehen ist, dass sich etwas gewandelt hat, eine kritische Gegenbewegung zu den Paradigmen der Moderne entstanden ist, die meiner Meinung nach auch legitimiert dazu ist, sich unter den Begriff der Postmoderne zu stellen. Auf Grund des wachsenden Ausmaßes meiner Arbeit war es mir leider nicht mehr möglich die auftauchende Kritik an der postmodernen Bewegung darzustellen, was jedoch für mich erst einmal zweitrangig erschien.

Als Fazit und zurückblickend auf den Titel meiner Facharbeit, habe ich feststellen können, dass sich auch in der Literatur des 20. Jahrhunderts die Paradigmen änderten. Auf Grund der Kritik an modernen Idealen und die Reaktion darauf, die sich in literarischen Verfahrens- und Denkmustern wiederspiegeln(vgl. Peter Stamm, Agnes) entwickelt sich eine Bewegung, die sich gegen jegliche Form des Totalitarismus auflehnt, das Innovationsstreben der Moderne diskreditiert, sich distanziert von jeder Ausprägung von Konvention und damit ihr Ideal in einer durch Heterogenität geprägte Gesellschaft, Kultur, Wissenschaft... sieht.

Literaturverzeichnis

Johann Wolfgang von Goethe: Poetische Werke. Band 10. Phaidon, Essen 1999, S. 135-275

http://blog.zeit.de/schueler/2012/02/20/thema-literatur-der-moderne-1890-1920/

Kathja Tiehle - Postmoderne

Königs Erläuterungen- Peter Stamm, Agnes

Peter Stamm, Agnes

www.grin.com/de/e-book/34959/die-postmoderne-versuchte-abstraktion-eines-paradigmenwechsels

www.literaturwelt.com/epochen/moderne.html#dichtung

www.kettererkunst.de/lexikon/moderne-literatur.shtml

www.schreiben10.com/referate/Epochen/4/Moderne-Literatur-reon.php

Bildverweise:

http://silartetaitconte.hautetfort.com/media/00/01/ea53ae74e56515bdf8b022e51d223bf5.jpg

http://www.bochum.de/C12571A3001D56CE/vwContentByKey/W27RX977942BOLDDE/%24FILE/kirchner.jpg

4. Anhang

Georges Seurat: Un dimanche à l'île de la grande jatte

(Pointilismus)

Ernst Ludwig Kirchner: Gebirgslandschaft

 Oskar Kokoschka: Mörder, Hoffnung der Frauen

<u>Stopping by Woods on a Snowy Evening (Robert Frost)</u>

Whose woods these are I think I know.
His house is in the village though;
He will not see me stopping here
To watch his woods fill up with snow.

My little horse must think it queer
to stop without a farmhouse near
Between the woods and frozen lake
The darkest evening of the year.

He gives his harness bells a shake
To ask if there is some mistake.
The only other sound's the sweep
Of easy wind and downy flake.

The woods are lovely, dark and deep
But I have promises to keep,
And miles to go before I sleep,
And miles to go before I sleep.

BEI GRIN MACHT SICH IHR WISSEN BEZAHLT

- Wir veröffentlichen Ihre Hausarbeit, Bachelor- und Masterarbeit

- Ihr eigenes eBook und Buch - weltweit in allen wichtigen Shops

- Verdienen Sie an jedem Verkauf

Jetzt bei www.GRIN.com hochladen und kostenlos publizieren